L'HOMME IDÉAL

Florence GRILLOT

Éditions ART ET COMÉDIE
3, rue de Marivaux
75002 PARIS

À tous mes élèves,
qui ont abreuvé mon cœur et mon imaginaire.

PERSONNAGES

AGNÈS SWINDLE : La directrice de l'agence
(ce personnage peut être interprété par un homme)

CAROLINE ATOUVENT : La fille à papa

ÉLIANE GODICHON : La bigote

JULIETTE VOLTEFACE : La jeune femme éthérée

MADELEINE ATTILA : La commère

MARIE MANGETOUT : La femme d'affaires

MATHIEU DUCHEMIN : L'homme idéal

PÉPITA HALLALI : La femme dépressive

Pièce créée par la « Compagnie les Artisans du rêve » le 28 juin 2008 à la salle des fêtes de Mallemort (13). Mise en scène par l'auteur.

DÉCORS

Le petit salon de l'agence : deux chaises, une petite table basse, une banquette, un paravent, un portemanteau.

Le square : un banc, un buisson, un réverbère.

Changement de décor rapide : la banquette devient un banc, le paravent un buisson, le portemanteau un réverbère.

SCÈNE I

Musique d'ambiance. Le petit salon de l'agence. Une femme entre, modestement vêtue. Elle fait deux pas, hésite, se retourne vers la sortie, puis gonfle la poitrine et revient finalement s'asseoir après avoir retiré son imperméable défraîchi. Elle attend sagement, les mains à plat sur son sac à main posé sur ses genoux. Fin de la musique.

ÉLIANE, *s'adressant à un interlocuteur inconnu.* – Tu vois, j'ai tenu parole : j'y suis ! Mais je t'avoue que je repartirais bien en courant. *(Prenant une profonde inspiration.)* Accroche-toi, ma fille. Quand faut y aller, faut y aller !

AGNÈS, *entrant, tout sourire, main tendue.* – Madame Godichon, enchantée !

ÉLIANE, *rectifiant, pincée.* – Mademoiselle !

AGNÈS. – *Yes, of course* : mademoiselle ! Je me présente : Agnès Swindle, directrice de cette agence dont la méthode américaine…

ÉLIANE. – Excusez-moi, mais on en a pour longtemps ?

AGNÈS. – Pardon ?

ÉLIANE. – Oui, parce que dans une heure, j'ai les vêpres.

AGNÈS. – Les vêpres ?… *Yes, of course !* Rassurez-vous, notre premier contact sera bref. Je vais vous poser quelques petites questions, histoire de faire connaissance.

ÉLIANE, *fermant les yeux.* – Allez-y !

Agnès est surprise. Un temps.

AGNÈS, *se raclant la gorge.* – Hum, hum… *(Elle se saisit d'un bloc-notes et d'un stylo.)* Vous m'avez dit, lors de notre premier entretien téléphonique, que vous recherchiez l'homme de vos rêves.

ÉLIANE. – Oui !

AGNÈS. – J'en déduis que vous ne l'avez pas trouvé ?

ÉLIANE. – Si !

AGNÈS. – Pardon ?

ÉLIANE, *ouvrant les yeux.* – Je vous réponds : si, je l'ai trouvé !

AGNÈS. – Ah ! mais alors, en quoi puis-je vous être utile si vous l'avez trouvé ?

ÉLIANE. – Je vous explique : l'homme de mes rêves, c'est le Seigneur, et c'est lui qui m'envoie vers vous.

AGNÈS. – Excusez-moi d'insister, mais…

ÉLIANE. – C'est simple : ce matin encore, à l'église, pour la troisième fois, il m'a répété : « Éliane, tu m'étouffes, sors de mon église et va chercher l'homme de ta vie. Et ne reviens que quand tu l'auras trouvé. C'est promis, vous aurez ma bénédiction. »

AGNÈS. – Ah !

ÉLIANE. – Voilà ! *(Elle ferme à nouveau les yeux.)*

AGNÈS, *décontenancée.* – *Of course !* Hum… Question suivante : comment imaginez-vous l'homme idéal ?

ÉLIANE. – Ben… brun, avec une barbe, maigre, les yeux bleus, magnétiques… et il faut qu'il ait lu la bible. Je vérifierai.

AGNÈS, *dubitative*. – Oui… Et vous voulez avoir des enfants ?

ÉLIANE. – Douze.

Un temps.

AGNÈS. – Quelle profession aimeriez-vous qu'il exerce ?

ÉLIANE. – Charpentier.

AGNÈS. – *Of course !* S'il est divorcé ou veuf, cela vous pose un problème ?

ÉLIANE. – Divorcé ou veuf ? C'est impossible ! Vierge !

AGNÈS. – Quel âge ?

ÉLIANE. – Trente-trois ans.

AGNÈS, *perplexe, refermant son bloc-notes.* – Parfait !

ÉLIANE, *rouvrant les yeux.* – C'est fini ? Vous avez bien tout noté ?

AGNÈS. – Oui, j'ai tout noté, mais je suis désolée, je ne peux rien faire pour vous.

ÉLIANE. – Comment ça ?

AGNÈS. – Eh bien… vous aimez… votre Seigneur, mademoiselle Godichon ?

ÉLIANE. – Évidemment !

AGNÈS. – Croyez-vous qu'il en existe deux comme lui ?

ÉLIANE. – Certainement pas !

AGNÈS. – Alors, je ne peux pas vous trouver sa copie conforme s'il est unique.

Un temps.

ÉLIANE. – Ah oui ! Je n'avais pas pensé à ça. Comment faire, alors ?

AGNÈS. – Faites-moi confiance, j'ai fait Harvard, mademoiselle Godichon : je suis diplômée de psychologie quatrième échelon.

ÉLIANE. – Ah oui ! Quand même !

AGNÈS. – J'ai déjà ma petite idée.

ÉLIANE. – Ah bon ?

AGNÈS. – Je suis certaine que votre Seigneur sera enchanté.

ÉLIANE. – Ah ! alors, je reviens demain ! Vous me le présentez ?

AGNÈS. – Doucement, chère mademoiselle, pas de précipitation. J'ai dans mon fichier international quelques hommes qui pourraient parfaitement vous correspondre…

ÉLIANE. – International ?! Mais je le veux blanc ! Je ne veux pas d'un rouge ou d'un jaune ! Je le veux catholique et français !

AGNÈS. – Mais cela va de soi ! J'ai bien compris votre demande : nous resterons dans le classique.

ÉLIANE. – Classique, c'est ça : classique.

AGNÈS, *se levant et lui tendant la main.* – Je vous recontacte dans deux jours. Cela vous convient ?

ÉLIANE. – Bon, si ça ne peut pas aller plus vite…

AGNÈS. – Vous verrez, je vous promets le coup de foudre.

ÉLIANE. – Qu'est-ce que c'est que ça, le coup de foudre ?

AGNÈS. – Eh bien… une attirance incontrôlable, mystérieuse, divine !

ÉLIANE. – Oh là là ! Il faut que je file aux vêpres ! J'ai mon bus qui passe dans dix minutes ! *(En enfilant son imperméable.)* Bon, ben j'attends votre appel. Au revoir, madame ! *(Elle s'éloigne, s'arrête et revient vers Agnès.)* Vous ne m'avez toujours pas dit combien va me coûter cette petite plaisanterie.

AGNÈS. – Mais, mademoiselle, l'amour n'a pas de prix !

ÉLIANE. – Soyez bénie, madame « Sinde » ! Je vais brûler un cierge pour votre âme. Quand je disais à mon Seigneur qu'il existe encore des gens désintéressés !

Elle sort précipitamment.

AGNÈS, *d'une voix forte.* – Attendez ! Je crois qu'il y a un malen… ten… Désintéressée ? Ben voyons !

Elle sort.

SCÈNE 2

Musique. Entre une femme pressée, attaché-case à la main. Elle jette un coup d'œil rapide à la pièce, puis se met à marcher de long en large. Elle s'impatiente. Arrive une jeune femme au style indéfinissable : mélange de jeune fille sage et d'allure baba cool. Fin de la musique.

MARIE. – Ah ! enfin ! *(S'approchant, main tendue.)* Bonjour !

JULIETTE, *faisant un tour sur elle-même, évaporée.* – Hello !

MARIE, *décontenancée.* – Euh… je ne vous imaginais pas comme ça. Je veux dire… vous êtes très jeune !

JULIETTE. – C'est une question d'esprit. Tout est une question d'esprit. Comment se porte le vôtre ?

MARIE. – Je suis surbookée : j'ai rendez-vous avec le directeur général des petits pots Blédilolo dans une heure, golf avec les Duvernoy dans deux et conseil d'administration à… J'ai oublié l'heure !

JULIETTE. – Zen !

MARIE, *s'asseyant.* – Allons au but !

JULIETTE, *s'amusant.* – Oui, allons au but !

MARIE. – Vous ne vous asseyez pas ?

JULIETTE. – M'asseoir ? Il n'en est pas question ! Il faut toujours rester en position de décollage.

MARIE. – Pardon ?

JULIETTE. – Se préparer à l'envol, au septième ciel !

MARIE. – Ah oui ! Le septième ciel ! Très amusant. Vous voulez sans doute que je vous parle de moi ?

JULIETTE. – De vous ? Si ça vous fait plaisir…

MARIE, *un peu sèche.* – Pas tant que ça, mais ça pourrait vous aider, non ?

JULIETTE. – Pas de problème, faisons connaissance ! *(Elle lui désigne une chaise.)* Pose-toi, ma sœur !

Un temps.

MARIE, *déstabilisée.* – Alors voilà : je suis mariée, présidente-directrice générale des couches-culottes Petit Paquebot, deux enfants majeurs mais pas matures, avec mon mari ça fait trois. Mon mari, parlons-en, il fait très bien la cuisine et le ménage, mais il manque terriblement de sex-appeal. Et je rêve d'aventure. Tous les jours je m'imagine dans les bras d'un homme, genre un peu voyou, vous voyez ?

JULIETTE. – Non, pas très bien.

MARIE. – Genre motard musclé, avec le chewing-gum dans la bouche, le bandana autour du cou, qui m'enlèverait sur sa grosse bécane après m'avoir dit : « Tu viens, poulette ? » *(Elle glousse.)* Excusez-moi, je suis folle, mais vous devez en entendre de pires, je suppose ?

JULIETTE. – Des horreurs ! Tous les jours ! J'aime ça ! *(Avec un débit rapide.)* Mais j'ai du mal à comprendre ce que je peux faire pour vous, car je n'ai pas de motard musclé dans mon carnet de relations.

MARIE. – Je ne vous parle pas de votre carnet, mais de votre fichier ! *(Se levant, énervée.)* Vous pouvez me trouver ce genre d'homme, oui ou non ?!

AGNÈS, *entrant*. – Mais que…

MARIE. – Vous ne voyez pas que nous sommes en entretien ?

AGNÈS. – En entretien ?

MARIE. – Oui, attendez votre tour, comme tout le monde !

AGNÈS. – Je suis la directrice de cette agence : Mme Agnès Swindle, et j'ai rendez-vous avec Mme Volteface !

JULIETTE, *venant à elle en lui tendant sa main à baiser*. – C'est moi-même ! Hello !

Elle fait un petit tour sur elle-même et s'éloigne.

AGNÈS, *à Marie qui est restée figée.* – Vous êtes madame… ?

MARIE. – Marie Mangetout !

AGNÈS. – Madame Mangetout ? *(Un temps.)* Nous avons rendez-vous demain !

MARIE. – Nous sommes bien mardi ?

AGNÈS. – Non, lundi !

MARIE, *contrariée.* – Ah bon ?

JULIETTE. – Mais oui ! Lundi, le premier jour de la semaine. Paré au décollage !

MARIE, *vexée.* – En tout cas… c'est scandaleux ! *(Désignant Juliette à Agnès.)* Cette femme s'est fait passer pour vous et je lui ai raconté ma vie !

JULIETTE. – Mais c'est toi, ma sœur, qui avais un besoin irrépressible de répandre les miasmes de ton esprit !

MARIE. – Mais pas du tout ! Je n'avais aucune envie de vous raconter…

AGNÈS, *à Marie.* – Calmez-vous, madame Mangetout ! Il s'agit d'un malentendu, je vous recevrai comme convenu demain, à quatorze heures.

MARIE, *très énervée.* – Oui, c'est ça, à demain ! *(Elle se dirige vers la sortie et se retourne. À Agnès.)* Je vous souhaite bien du plaisir avec cette jeune femme, ma sœur !

    Elle sort.

JULIETTE. – Son esprit est terriblement pollué. C'est triste, vous ne trouvez pas ?

AGNÈS. – Je suis désolée, je suis très en retard et j'ai peu de temps à vous accorder. Voulez-vous que je vous donne un autre rendez-vous?

JULIETTE. – Ah non! J'y suis, j'y reste!

AGNÈS. – Asseyez-vous, je vous en prie.

JULIETTE. – M'asseoir? Il n'en est pas question. Il faut toujours rester en position de décollage.

AGNÈS, *déroutée, ouvrant son bloc-notes.* – Alors, vous m'avez dit au téléphone que vous étiez divorcée et échaudée par les hommes.

JULIETTE. – Quelque peu, effectivement.

AGNÈS. – Bien. Cependant, vous ne renoncez pas à rencontrer l'homme de vos rêves.

JULIETTE. – Oui, en quelque sorte.

AGNÈS, *surprise.* – C'est-à-dire?

JULIETTE. – Un esprit de femme dans un corps d'homme, vous voyez?

AGNÈS. – Vous pouvez m'en dire plus?

JULIETTE. – Une apparence d'homme, mais avec des émois de femme.

AGNÈS. – Mais encore?

JULIETTE. – Tous les attributs de l'homme, mais une énergie de femme.

AGNÈS, *prenant des notes.* – Résumons-nous! Un homme qui sache tenir une maison : faire la cuisine, le repassage, les courses… qui devance vos envies et désirs, délicat, sensible, mère courage et maternel…

Juliette. – Parfaitement! Vous avez ça en magasin?

Agnès. – Je suis une spécialiste, madame! J'ai été l'assistante du professeur Mac Phaluster, grand chercheur en ressorts féminins. *(Reprenant ses notes.)* Dans quelle tranche d'âge le situez-vous?

Juliette. – Dans la tranche pas trop mûr mais viril. Pas trop vert mais plutôt écologique.

Agnès. – Mais encore?

Juliette. – Je ne supporte pas la pantouflarde attitude, et je honnis la réelle réalité!

Agnès. – Si vous pouviez être un peu plus précise?

Juliette. – Voyez-vous, je suis dans ma phase « nirvâtique » : entre terre et ciel, mais à l'orée des nuages… *(Avec un débit plus rapide.)* Alors, comprenons-nous bien : il est hors de question que j'affronte un deuxième tremblement de terre! Une île déserte, ma sœur : le sable fin, les palmiers, les cacatoès, et tout le romantisme exacerbé d'un coucher de soleil sur une mer d'huile.

Un temps.

Agnès. – *Of course!*

Juliette. – Vous êtes mon dernier espoir!

Agnès. – Revenez dans une semaine, j'aurai trouvé la perle rare.

Juliette. – Merveilleux! *(Sortant son chéquier.)* Combien pour le sauvetage?

Agnès. – Il n'y a pas d'urgence, madame Volteface. La confiance : maître mot de cette agence. Vous me règlerez dans une semaine.

Juliette, *tout en lui serrant la main énergiquement.* – Porte-toi bien, ma sœur!

Elle s'éloigne.

AGNÈS. – Excusez-moi… Une dernière question : vous recherchez bien un homme ?

JULIETTE. – Un homme ? Oui, en quelque sorte.

Elle sort.

AGNÈS. – Ouf ! Quelle journée !

Elle sort de la pièce.

SCÈNE 3

Musique. Entre une jeune femme : jean troué, cheveux en pétard, chewing-gum dans la bouche. Elle va s'avachir sur une chaise, et se met à « textoter » sur son portable. Fin de la musique.

AGNÈS, *entrant.* – Mademoiselle Atouvent, je suppose ?

CAROLINE, *restant assise.* – Ouais, c'est ça. Salut !

AGNÈS. – Mme Swindle, directrice de cette agence. *(Quelque peu irritée.)* Mais restez assise, je vous en prie !

CAROLINE, *en continuant de « textoter ».* – Excusez-moi pour le rendez-vous de jeudi, j'ai eu un problème avec un mec, il m'a pris la tête.

AGNÈS, *sèchement.* – Et le rendez-vous de vendredi ?

CAROLINE. – Désolée, mais en ce moment je me cherche.

AGNÈS, *ironique.* – Vous avez déjà réussi à trouver la porte de l'agence !

CAROLINE. – J'ai vraiment besoin d'un coup de main parce que, avec les mecs, c'est la cata. J'en ai marre !

AGNÈS. – Vous êtes une jeune femme ravissante, je suis étonnée que vous ayez besoin de mes services.

CAROLINE. – Oh ! question drague, ce n'est pas le problème, mais je n'arrive pas à en garder un seul. Je ne comprends pas pourquoi.

AGNÈS. – Bien. Je vais vous poser quelques petites questions…

CAROLINE. – Genre interrogatoire de flic ?

AGNÈS. – Je ne pense pas que la police ait le temps de se préoccuper de votre bonheur.

CAROLINE. – Ouais, ça c'est vrai. L'année dernière, je suis sortie avec un inspecteur de police. Un beau mec. Le coup de foudre. J'ai rien capté : ça marchait super, et un soir, en boîte, il m'annonce qu'il est muté. Moi, j'étais prête à le suivre, mais il m'a chanté le refrain du flic solitaire. Et voilà ! Bye-bye !

AGNÈS. – Dites-moi, Caroline, dans vos rêves, comment voyez-vous l'homme de votre vie ?

CAROLINE. – Ben, je ne vois pas grand-chose. J'en ai eu à la pelle : de toutes les tailles et de toutes les couleurs.

AGNÈS. – Ne me dites pas que vous n'avez pas un idéal masculin ?

CAROLINE. – Ouais : mon père.

AGNÈS. – Votre père ?… C'est votre héros ?

CAROLINE. – Faut pas exagérer. En tout cas, c'est un mec qui assure.

AGNÈS. – Qu'est-ce qu'il assure ?

CAROLINE. – Ben… c'est un type vraiment béton : il est à la tête de plein d'entreprises, il voyage dans le monde entier. Il assure, quoi !

AGNÈS. – Et votre mère ?

CAROLINE, *agressive*. – Ma mère, elle voyage avec tous les mecs qu'elle rencontre !

AGNÈS. – Bien… Et l'homme de vos rêves ?

Un temps.

CAROLINE. – Un mec qui reste plus de six mois.

AGNÈS. – Êtes-vous prête à me faire confiance ?

CAROLINE. – Ouais, faut bien. Si vous me jurez que celui que vous allez me présenter ne va pas se tirer comme les autres.

AGNÈS. – Je vais mettre mon professionnalisme à votre service, afin de vous présenter l'homme de vos rêves. Après, ce sera à vous de tout faire pour le garder.

CAROLINE. – Je ne vais quand même pas le payer ou l'attacher au radiateur ?!

AGNÈS. – Écoutez, Caroline, le problème est très simple : ils vous ont quittée parce qu'ils ne vous aimaient pas. Et vous avez de la chance que ça n'ait pas duré, parce que la plupart des femmes gâchent toute leur vie avec un homme qui n'est pas l'homme qu'il leur faudrait.

CAROLINE. – Ouais, cool ! Et alors ?

AGNÈS. – Alors, je vais vous trouver un homme qui ne partira jamais acheter des cigarettes. *(Caroline la regarde, perplexe.)* Une autre question : jusqu'à présent, avez-vous fréquenté des hommes plus jeunes, de votre âge ou plus âgés ?

CAROLINE. – Ben… plutôt de mon âge.

AGNÈS. – Je commence à cerner le problème : un homme un peu plus âgé que vous vous conviendrait mieux.

CAROLINE. – Vous n'allez pas me refiler un vieux, quand même ?

AGNÈS. – Chère Caroline, les hommes de votre âge sont encore des gamins, ne l'avez-vous pas constaté ?

CAROLINE. – Ben…

AGNÈS. – Et puis l'amour n'a pas d'âge.

CAROLINE. – Ouais, enfin quand même !

AGNÈS, *se levant.* – Faites-moi confiance, vous ne le regretterez pas.

CAROLINE. – O.K. ! *(Se levant.)* C'est vous qui m'appelez ? Vous avez mon portable ?

AGNÈS. – Je vous recontacte dans trois jours, cela vous convient ?

CAROLINE. – Ça va. Je vais faire un peu de ménage chez moi en attendant. C'est le bazar !

AGNÈS. – Excellente idée !

CAROLINE, *lui tendant une enveloppe.* – Je vous ai apporté le premier paiement que vous m'avez demandé : cinq cent trente euros. C'est bon ?

AGNÈS, *prenant l'enveloppe sans l'ouvrir.* – C'est parfait, mademoiselle !

CAROLINE. – C'est mon père qui casque, je lui ai dit que c'était pour me payer le permis poids lourds.

AGNÈS. – Poids lourds ?

CAROLINE. – Ouais, lourds ou légers, on s'en fout, hein ? De toute façon, mon père, du moment que je ne lui demande pas un peu de son temps… Bon, ben salut !

AGNÈS, *avec un sourire forcé*. – À très bientôt, Caroline ! Et bon ménage !

CAROLINE, *en sortant*. – Ouais, c'est pas trop ma tasse de thé le ménage, mais bon, faut peut-être que je mette un peu d'ordre dans ma vie… euh… dans ma villa… enfin… la villa de mon père.

Agnès vérifie la somme contenue dans l'enveloppe, puis compose un numéro sur son portable et sort.

SCÈNE 4

Musique. Entre une femme apeurée, les cheveux défaits, mal attifée. Elle tourne et vire dans le petit salon, nerveuse, puis finit par s'asseoir. Arrive une femme, vêtue d'une robe pimpante, qui la dévisage des pieds à la tête. Fin de la musique.

MADELEINE, *attirant son attention*. – Hou ! hou !

PÉPITA, *sursautant*. – Vous m'avez fait peur ! Qui êtes-vous ?

MADELEINE. – Madeleine Attila ! Et vous ?

PÉPITA, *d'une voix laconique*. – Pépita Hallali… Vous avez rendez-vous à quelle heure ?

MADELEINE. – Je n'ai pas rendez-vous, c'est ma voisine qui m'a confié qu'une nouvelle agence s'ouvrait dans le quartier, alors je suis venue renifler l'endroit.

Pépita. – Ah ! mais Mme Swindle ne reçoit que sur rendez-vous ! Moi, c'est mon quatrième rendez-vous.

Madeleine. – Cette Mme Swindle est très professionnelle. Elle vient des États-Unis, paraît-il ?

Pépita. – Oui, je crois. Vous avez l'heure ?

Madeleine, *consultant sa montre.* – L'heure du crime !... Je plaisante ! Seize heures trente, l'heure du goûter. *(Elle sort de son sac un paquet de biscuits.)*

Pépita. – Je suis en avance ! Quelle idiote ! Elle m'avait dit dix-sept heures ! *(Elle prend le paquet de biscuits des mains de Madeleine, médusée, et se sert.)* Je vais me faire gronder !

Madeleine, *intéressée.* – Comment ça ?

Pépita. – La pauvre, je lui donne du mal.

Madeleine. – Du mal ? Racontez-moi ça !

Pépita. – Je vais vous confier un secret, mais vous promettez de ne pas le répéter ?

Madeleine. – Vous ne pouviez pas mieux tomber, je connais tous les ragots du quartier, mais... bouche cousue !

Un temps.

Pépita, *sur un ton désespéré.* – Je viens d'avoir quarante ans !

Madeleine. – Oh ! quelle chance !

Pépita. – Quelle catastrophe, vous voulez dire ! La crise de la quarantaine : c'est un gouffre qui s'ouvre devant moi !

Madeleine. – Mais la vie n'est faite que de crises ! Jojo, mon perroquet, a attrapé la varicelle. Il avait cinquante-trois ans. Je l'ai enterré ce matin...

Pépita. – La varicelle ?

Madeleine. – C'était la gazette du quartier, Jojo. Il me répétait tout, il avait l'ouïe exceptionnellement fine. Ce n'est pas une crise, c'est un cataclysme, la mort de Jojo !

Pépita. – C'est triste… Mais vous avez sans doute un mari qui peut vous soutenir, vous comprendre ?

Madeleine. – J'ai eu deux maris. Je les ai enterrés tous les deux : un après ma crise de la trentaine et l'autre après ma crise d'eczéma.

Pépita. – Non ?!

Madeleine. – Mais si ! Il faut dire que nous, les femmes, sommes plus résistantes que les hommes.

Pépita. – Ah non ! Moi, je ne sais pas si je vais résister à cette crise. En une nuit, la veille de mon anniversaire, les mâchoires me sont tombées.

Madeleine. – Ce sont vos illusions qui sont tombées. Un petit coup de déprime, ça arrive. D'ailleurs, vous êtes ici, c'est que vous cherchez un homme, c'est bon signe !

Pépita. – C'est mon dernier espoir. Une épaule sur laquelle m'appuyer.

Madeleine. – L'épaule, en général, c'est plutôt nous, les femmes. Vous devriez chercher une carte bleue, c'est plus utile.

Pépita. – Ah bon ? Mais je gagne bien ma vie, j'ai des économies…

Madeleine. – On n'en a jamais assez, croyez-en mon expérience. Je suis veuve deux fois de deux cartes bleues bien approvisionnées, mais ça file encore plus vite que les hommes, l'argent. Et moi, j'ai besoin de distractions : boîtes de nuit, casinos, thalassos…

PÉPITA, *désespérée*. – Moi, je cherche l'amour, je ne l'ai jamais trouvé !

MADELEINE. – Si vous ne l'avez pas trouvé, c'est qu'il n'existe pas. Le prince charmant ! Enfin, nous ne sommes plus des enfants !

PÉPITA. – Ne me dites pas que vous avez renoncé à l'amour ?

MADELEINE. – J'ai renoncé à me faire avoir. Alors vous devriez être raisonnable ou la prochaine crise, ce sera la crise cardiaque !

PÉPITA. – Je ne cherche pas l'homme idéal, mais juste un bon mari avec qui partager…

MADELEINE. – Croyez-moi : mieux vaut être seule que mal accompagnée !

PÉPITA. – Vous dites ça, mais vous avez eu deux maris. Moi, je n'en ai même pas eu un seul !

MADELEINE. – Je ne les ai pas cherchés, ils se sont présentés, je me suis servie.

PÉPITA. – Et aujourd'hui, vous venez dans cette agence, c'est pour en chercher un autre ?

MADELEINE. – Je vous l'ai dit : c'est pour arrondir mes fins de mois !

AGNÈS, *entrant, contrariée*. – Madame Hallali ! J'aurais dû m'en douter, vous êtes encore en avance !

PÉPITA, *confuse*. – Je suis désolée…

AGNÈS, *se tournant vers Madeleine*. – Madame ?

MADELEINE. – Madeleine Attila ! Je viens prendre un rendez-vous.

AGNÈS. – Les rendez-vous se prennent par téléphone !

PÉPITA. – Je lui ai dit !

Agnès, *en lui tendant une carte de visite. –* Appelez-moi demain ! Maintenant, veuillez m'excuser, mais je suis très occupée. Au revoir, madame… ?

Madeleine, *avec une voix forte. –* Attila ! Madeleine Attila !

Elle sort.

Pépita. – Non, mais comme ça, elle… mais elle est très gentille !

Agnès, *méfiante. – Of course !* Asseyez-vous, ce que j'ai à vous annoncer risque de vous renverser…

Pépita, *inquiète, en s'asseyant sagement. –* Ah bon ?

Agnès. – Je l'ai trouvé !

Pépita. – Qui ?

Agnès. – Pour vous ! L'homme idéal !

Noir. Changement de décor.

SCÈNE 5

Musique. Le square. Marie arrive, toujours aussi pressée. Elle consulte sa montre et finit par s'asseoir sur le banc. Un homme vient vers elle : blouson de cuir, bandana autour du cou, bottes de moto et casque à la main. Elle le regarde, bouche ouverte. Fin de la musique.

Mathieu. – Salut, poulette !

Marie. – Euh… salut ! *(Elle s'est levée et regarde par-dessus son épaule.)*

MATHIEU. – Vous êtes bien Marie ?

MARIE. – Oui, oui !

MATHIEU. – Mme Swindle m'a filé une photo de vous, mais vous êtes plus bandante au naturel.

MARIE. – Ah oui ? Merci !

Elle regarde toujours par-dessus son épaule.

MATHIEU. – Vous êtes déçue ?

MARIE. – Déçue ?

MATHIEU. – Ben, je ne sais pas, vous matez un truc derrière moi, vous vous attendiez peut-être à mieux ?

MARIE. – Ah non ! Non ! Pas du tout ! Je cherchais votre moto.

MATHIEU. – Ma bécane ? Je l'ai laissée chez un pote. C'est une bécane de collection, une Harley, je ne la gare pas n'importe où, je n'ai pas envie que des petits morveux posent leurs sales pattes dessus.

MARIE. – Ah oui ! Vous avez raison !

MATHIEU, *s'asseyant sur le banc.* – Je suis crevé, je viens de me taper sept cents bornes. Excusez-moi, je n'ai pas eu le temps de me doucher. Ça va, je ne sens pas trop le fauve ?

MARIE, *s'asseyant à son tour.* – Comme c'est excitant ! Enfin, je veux dire… pas de problème, vous êtes parfait !

MATHIEU, *lui tapant sur la cuisse.* – Vous n'êtes pas mal non plus !

MARIE, *gênée, glissant à l'autre extrémité du banc.* – Vous… Mme Swindle m'a donné votre nom, je l'ai noté sur un papier, mais j'ai perdu le papier.

MATHIEU. – Johnny Beegood! En fait, c'est John, mais tous mes potes m'appellent Johnny. Ma mère est belge et mon père s'est tiré avec une actrice de porno quand j'avais deux ans.

MARIE. – Ah! c'est… super! Et vous faites de la moto avec vos… potes?

MATHIEU. – Eh, je veux! Je fais partie d'un club de bikers, et tous les week-ends, roule Johnny, on écume les cinq continents!

MARIE. – Les cinq continents?

MATHIEU. – Non, je rigole! On fait des virées d'enfer, quoi!

MARIE. – Et… vous êtes seul dans la vie?

MATHIEU. – Moi? Jamais! J'ai les potes et, comme on dit : une femme dans chaque port!

MARIE. – Ah oui! Quand même!

MATHIEU. – Mais je te rassure, je cherche à me fixer.

MARIE, *inquiète*. – Vous fixer?

MATHIEU. – Ben ouais, avoir une petite femme qui s'occupe de moi, quoi!

MARIE. – Ah oui! Mais… Mme Swindle vous a expliqué ma situation?

MATHIEU. – Ouais, je sais, t'es casée, avec un régulier et des mômes.

MARIE. – Euh… c'est ça!

MATHIEU. – Ne te bile pas : discrétion absolue! Un petit coup par-ci, par-là, je ne vais pas te les briser, je suis un aventurier, un baroudeur, je vais, je viens…

Marie, *gênée.* – Qu'est-ce que vous faites dans la vie?

Mathieu. – Ah! ça, ma poulette, c'est top secret!

Marie, *émoustillée.* – Top secret?

Mathieu. – Tout ce que je peux te dire, c'est que je travaille pour le gouvernement.

Marie. – Non?!

Mathieu. – Eh ouais! J'ai pas l'air comme ça, mais un temps pour la broutille et un temps pour servir l'État.

Marie, *impressionnée.* – Oui, oui, je comprends, ne vous inquiétez pas, enfin… ne te bile pas : top secret!

Mathieu. – Tu as entendu?

Marie. – Entendu quoi?

Mathieu, *posant la main sur son oreille.* – Des ultrasons : un appel gouvernemental. Le devoir m'attend. *(Se levant.)* Salut, poulette!

Marie, *se levant à son tour.* – Mais… quand est-ce que je te revois?

Mathieu. – Tout dépend de la mission.

Marie, *éblouie.* – Oui, bien sûr! *(Curieuse.)* C'est une mission dangereuse?

Mathieu. – Ah! ça, ma poulette, les risques du métier! Bon, j'ai tes coordonnées, je te bigophone. Si je suis encore vivant.

Marie. – Alors, bonne chance… Johnny!

Mathieu. – Tchao poulette! À la revoyure!

Il s'éloigne.

MARIE, *avec un petit signe de la main.* – Bye-bye ! À bientôt…
Johnny !

*Elle le regarde s'éloigner, avant de s'éloigner à son tour,
comme sur un nuage.*

SCÈNE 6

*Musique. Arrive Éliane, son cabas à la main. Elle revient du
marché et fait une pause sur le banc. Elle sort une carotte
qu'elle commence à grignoter. Juliette entre, pieds nus, vêtue
d'une robe vaporeuse. Elle passe devant elle en dansant puis
s'arrête net et revient sur ses pas. Fin de la musique.*

JULIETTE. – Je vous connais, vous !

ÉLIANE. – Vous étiez à l'église ?

JULIETTE. – Comment ?

ÉLIANE. – Oui, ce matin, à la messe de huit heures ?

JULIETTE. – À huit heures, je faisais mon yoga transcendantal.

ÉLIANE. – Ma foi, c'est vous qui voyez.

JULIETTE, *se rappelant soudain.* – Je vous ai croisée avant-hier,
vous sortiez de l'agence de Mme Swindle !

ÉLIANE, *feignant de ne pas comprendre.* – Vous voulez une carotte ?

JULIETTE, *s'asseyant près d'elle, le bras posé sur son épaule.* –
Ne sois pas gênée, ma sœur, ça nous démange toutes !

ÉLIANE, *heurtée.* – Excusez-moi, mais j'ai ma soupe à faire, je vais y aller !

JULIETTE. – Moi-même, je suis transcendée. Demain, je dois rencontrer un ange.

ÉLIANE. – Un ange ?!

JULIETTE. – J'espère qu'elle sera à mon goût.

ÉLIANE. – « Elle » ?

JULIETTE. – Et vous, vous avez trouvé esprit à votre pied ?

ÉLIANE. – Chaussure à mon pied, vous voulez dire ?… Il faut voir.

JULIETTE. – Vous ne l'avez pas encore vu ?

ÉLIANE. – Dimanche. Après la messe. Oui, parce qu'il est hors de question que je rate la messe.

JULIETTE. – Et s'il préfère le deltaplane ?

ÉLIANE. – Le delta quoi ?

À cet instant, Madeleine arrive derrière elle.

JULIETTE, *se levant, sur un ton enflammé.* – Un ange passe, il vous emporte sur ses ailes diaphanes dans la nuée moutonneuse et vous transperce l'âme ! Oh ! jouissance infinie ! Orgasme inespéré !

ÉLIANE, *choquée.* – Oh !

MADELEINE, *à Juliette.* – Arrête de terroriser cette pauvre femme !

JULIETTE, *se retournant.* – Madeleine ! *(À Éliane.)* Je vous présente Madeleine Attila, ma voisine préférée, un pur esprit démoniaque. Elle a zigouillé ses deux maris et le troisième n'aura qu'à bien se tenir.

MADELEINE, *à Éliane*. – Ne l'écoutez pas ! Juliette est jalouse, mes ex étaient pleins aux as, tandis qu'elle s'est coltiné pendant dix ans un artiste peintre aux poches trouées.

JULIETTE. – Il était si fou !

MADELEINE. – Pas si fou quand il s'est envolé avec une bimbo de dix-huit ans !

ÉLIANE, *à Madeleine*. – Vous aussi, vous cherchez un homme ?

MADELEINE. – Oui, l'affaire est dans le sac. Mme Swindle m'a dégoté un riche rentier de bonne famille, je dois le rencontrer cet après-midi.

ÉLIANE. – Ne vous inquiétez pas : s'il est repentant, il reversera toute sa fortune aux plus pauvres.

MADELEINE. – Oui, vous avez raison, je suis moi-même dans le besoin ; il reversera, j'en fais mon affaire.

ÉLIANE, *en se levant, mal à l'aise*. – Excusez-moi, mesdames, mais ma soupe ne se fera pas toute seule. J'espère que Marcel aime la soupe !

JULIETTE. – Marcel ? Comme c'est romantique !

ÉLIANE, *fièrement*. – Marcel Pignol !

MADELEINE. – Eh ben !… Et toi, Juliette, comment s'appelle ton prince charmant ?

JULIETTE. – Claude Girevien !

MADELEINE. – Ne me dis pas que c'est encore un artiste ?

JULIETTE. – Pas du tout ! C'est un « naturo-nirvaniste-cérébrospinal » !

MADELEINE. – Voilà autre chose !

ÉLIANE, *en se signant.* – Mon Dieu !

JULIETTE, *s'amusant.* – Et toi, et toi, Madeleine ?

MADELEINE, *snob.* – Jean-Édouard de la Monte-en-l'air !

JULIETTE, *s'esclaffant.* – Et combien de temps vas-tu le conserver dans ton congélateur avant de le consommer ?

ÉLIANE, *très mal à l'aise.* – Au revoir, mesdames. Que Dieu vous garde !

Elle sort.

MADELEINE. – Neuneu et bigote ! Et elle mange des carottes crues !

JULIETTE. – Elle a le cœur pur, un vrai petit moineau ! Toi, Madeleine, tu es un vilain corbac !

MADELEINE. – Je préfère être un corbac que conçue la tête dans les doigts de pieds, et le derrière devant !

JULIETTE. – Tu es méchante !

MADELEINE. – Mais regarde-toi, tu es encore sortie pieds nus !

JULIETTE. – C'est pour être en phase avec le cosmos !

MADELEINE. – Pour l'instant, ce n'est pas avec le cosmos que tu es en phase, mais avec la crotte de chien ! Tu ne sens pas ?

JULIETTE. – Ça porte bonheur ! *(Elle s'éloigne puis se retourne.)* Tu es triphasée avec le démon ! Fais attention de ne pas te faire électrocuter !

Elle sort, digne.

MADELEINE. – La tête dans le fromage blanc et les pieds dans la crotte. Quelle misère !

Elle sort.

SCÈNE 7

Musique. Arrive Pépita, très agitée. Elle ne sait où se poser. Elle finit par s'asseoir à une extrémité du banc, tête baissée, se tordant les mains. Elle ne voit pas arriver Mathieu, cheveux gominés, lunettes de star et costume fluo. Fin de la musique.

MATHIEU, *chantant à tue-tête « Chanson populaire » de Claude François.* – « Ça s'en va et ça revient, c'est fait de tout petits riens… »

PÉPITA, *effarée.* – Ah !

MATHIEU. – Je vous ai fait peur ?

PÉPITA. – Euh… qu'est-ce que vous me voulez ?

MATHIEU, *sur un ton très enjoué.* – Je suis votre rendez-vous : Dany Brûlant ! Mme Swindle m'a dit que vous étiez toujours en avance, alors je suis venu en avance. *(Lui tendant une main qu'elle ne saisit pas.)* Et vous, vous êtes Pépita Hallali, c'est ça ?

PÉPITA. – Ah oui !

MATHIEU, *s'asseyant près d'elle.* – Vous aimez la variété des années quatre-vingt ?

PÉPITA. – Les années quatre-vingt ? Misère ! J'étais jeune, c'est si loin…

MATHIEU. – Pas si loin, et toujours d'actualité. Je suis chanteur de variétés et c'est ma spécialité les tubes des années quatre-vingt. Et vous, qu'est-ce que vous faites de beau dans la vie ?

PÉPITA. – Dépressive !… Euh… je veux dire : secrétaire comptable aux éditions « Je suis malade mais je me soigne ». Nous éditons des livres sur la santé.

MATHIEU. – Je m'en serais douté. Et votre travail vous plaît ?

PÉPITA. – Ben oui. J'ai vingt ans de boîte et... *(Se mettant à pleurnicher.)* Je ne sais pas s'il me plaît, je ne sais plus, vous savez, la routine, les habitudes...

MATHIEU, *chantant « Comme d'habitude » de Claude François.* – « Je me lève et je te bouscule, tu ne te réveilles pas, comme d'habitude... »

PÉPITA, *qui s'est arrêtée net de pleurnicher.* – Qu'est-ce que vous faites ?

MATHIEU. – Je chante !

PÉPITA, *regardant alentour.* – Les gens nous regardent !

MATHIEU. – Oh ! j'ai l'habitude !

PÉPITA. – C'est gênant !

MATHIEU. – Est-ce que je suis à votre goût ?

PÉPITA, *gênée.* – Je ne sais pas !

MATHIEU, *chantant « Qui saura » de Mike Brant.* – « Qui saura, qui saura, qui saura... »

PÉPITA, *affolée.* – Chut !

MATHIEU. – Vous avez été mariée ? Vous avez des enfants ?

PÉPITA. – Non.

MATHIEU. – Moi non plus. Mais vous avez eu des aventures ?

PÉPITA. – Des aventures ?

MATHIEU, *chantant « D'aventures en aventures » de Serge Lama.* – « Et d'aventures en aventures... » *(Pépita le regarde, paniquée.)* Pépita, je veux tout savoir de vous. Je suis sûr que vous êtes une femme épatante !

PÉPITA. – Mais non, je suis très banale ! Ma vie… il n'y a pas grand-chose à en dire : je travaille douze heures par jour… Oh ! j'ai bien eu des petits amis, mais je n'ai jamais eu le temps de songer à une vie de famille… Et j'ai eu quarante ans un matin et… *(Se levant.)* Et comme tous les matins, j'ai ouvert la fenêtre de mon balcon et…

MATHIEU, *chantant « La vie par procuration » de Jean-Jacques Goldman.* – « Elle met du vieux pain sur son balcon, pour attirer les moineaux les pigeons… »

PÉPITA. – Comment le savez-vous ?

MATHIEU. – Moi aussi je donne à manger aux pigeons et je suis seul, désespérément seul, malgré les paillettes et les bravos. *(Chantant « Le mal aimé » de Claude François, un genou à terre.)* « Mal aimé, je suis le mal aimé, tous les gens me connaissent tel que je veux me montrer… »

PÉPITA, *émue.* – Oh ! comme je vous comprends !

MATHIEU. – Deux solitudes qui se rencontrent, n'est-ce pas merveilleux ?

PÉPITA. – Euh… oui !

MATHIEU. – Je vous emmène fêter ça au restaurant. J'ai un budget… je veux dire j'ai touché le cachet de mon dernier concert.

PÉPITA, *allant se rasseoir précipitamment et farfouillant dans son sac à main.* – C'est-à-dire, il faut que je me remaquille…

MATHIEU, *chantant « Elle a les yeux revolver » de Marc Lavoine, un pied sur le banc, un doigt pointé sur elle.* – « Elle a le regard qui tue, elle a tiré la première… »

PÉPITA, *en se relevant d'un bond.* – Je viens, je viens ! Où va-t-on ?

MATHIEU, *l'entraînant tout en chantant « L'été indien » de Joe Dassin.* – « On ira, où tu voudras quand tu voudras, et l'on s'aimera encore lorsque l'amour sera mort… »

Ils sortent.

SCÈNE 8

Musique. Entre Caroline, portable collé à l'oreille. Elle passe devant le banc, revient, s'adresse à son interlocuteur, un pied sur le banc. Elle range son portable et s'éloigne lorsque Marie accourt et l'interpelle. Fin de la musique.

MARIE. – Mademoiselle! *(Caroline se retourne et scrute l'inconnue, méfiante.)* Excusez-moi, on ne se connaît pas mais je vous ai vue sortir de l'agence. Je voudrais vous parler!

CAROLINE, *un peu agressive.* – Qu'est-ce que vous voulez?

MARIE. – Voilà : j'ai demandé les services de Mme Swindle qui m'a présenté un homme, tout à fait ce que je recherchais.

CAROLINE. – Tant mieux pour vous!

MARIE. – C'est-à-dire, c'est un peu délicat, mais… c'est rapport à la facture.

CAROLINE. – Ouais, j'ai compris. Vous voulez savoir combien elle m'a demandé?

MARIE, *s'asseyant sur le banc, soulagée.* – C'est ça!

CAROLINE. – Cinq cent trente euros l'entretien et deux mille euros à la livraison.

Marie. – La livraison ?

Caroline. – La rencontre avec le type.

Marie. – Ah oui !

Caroline. – Moi, ça me fait trois entretiens à cinq cent trente, plus deux mille.

Marie. – C'est ça, moi aussi ! Elle a encaissé les trois chèques pour les entretiens, et pour les deux mille euros, je lui ai demandé un délai, elle m'a donné jusqu'à demain !

Caroline. – C'est une pro, elle vient des States !

Marie. – Oui, je sais, je suis moi-même une femme d'affaires, c'est pour cela que je l'ai choisie. Vous comprenez, je gagne très bien ma vie, mais je n'aime pas me faire avoir.

Caroline. – Fallait bien lire le contrat !

Marie. – Vingt-cinq pages de contrat avec des petites lignes ! Ma secrétaire est en arrêt maladie et je n'allais pas y passer la journée, j'ai un planning très serré.

Caroline. – Ouais, mais si vous avez rencontré l'homme idéal et que vous le gardez pendant toute votre vie, c'est rentable.

Marie, *embarrassée.* – C'est-à-dire, j'en ai déjà un. En fait, celui-là c'est pour les à-côtés.

> *À cet instant, arrive Pépita qui vient s'asseoir à l'autre bout du banc.*

Caroline. – Ouais, enfin, c'est votre problème !

Marie. – Mais je me demandais… Et si l'homme ne convenait pas, en définitive ?

Caroline. – Je croyais que vous aviez fait affaire ?

Marie. – Oui, mais si je ne vibre plus, j'en change.

Caroline. – Alors, vous repaierez deux mille euros.

Marie. – C'est bien ce qu'il me semblait.

Pépita, *s'exclamant.* – Deux mille euros ?!

Marie et Caroline, surprises, se retournent.

Marie. – Vous êtes passée par l'agence vous aussi ?

Pépita. – Je sors du restaurant.

Caroline. – Quel restaurant ?

Pépita. – Deux mille euros, en tout ?

Marie. – Ah non ! Ça c'est juste pour la rencontre. Il faut payer chaque entretien.

Caroline. – Vous non plus vous ne lisez pas les contrats !

Pépita. – Mais… j'ai payé mes quatre entretiens : à cinq cent trente euros l'entretien, ça m'a fait deux mille cent vingt euros.

Marie. – Quatre entretiens ? Nous, on n'en a eu que trois !

Pépita. – Je viens de le rencontrer, il m'a emmenée au restaurant. J'ai payé la note : c'est un artiste et il est si seul… Mais s'il faut que je paye encore deux mille euros…

Marie. – C'est bien ce que je dis : c'est prohibitif.

Caroline, *aux deux femmes.* – Il faut savoir ce que vous voulez !

Marie, *à Pépita.* – Et vous, vous en êtes contente ?

Pépita. – Je ne vous le conseille pas, j'ai l'estomac à l'envers, la viande était plus nerveuse que moi et les îles flottantes devaient flotter depuis un moment. Tout ça pour une note de quatre-vingt-dix euros !

Marie. – Mais non, je vous parle de l'homme que vous avez rencontré !

Pépita. – Il… Il chante !

Caroline. – Moi, je ne l'ai pas encore rencontré, mais j'espère que j'en aurai pour mon argent. Enfin, l'argent de mon père…

Marie, *rassurante.* – Il va certainement vous plaire. La note est salée, mais je dois reconnaître l'efficacité des Américains.

Pépita. – À ce prix-là, il vaut mieux que ça marche du premier coup !

Caroline, *se levant.* – J'ai un rencard en fin d'après-midi, on verra bien. Bon, salut !

Marie. – Bonne chance !

Caroline s'éloigne.

Pépita. – Il est comment le vôtre ?

Marie. – Très discret. Il n'a pas l'air comme ça, on ne croirait pas, mais ce n'est pas n'importe qui.

Pépita. – Le mien non plus ce n'est pas n'importe qui, mais il n'est pas du genre discret. Pendant tout le repas, il m'a raconté des anecdotes. Je dois reconnaître qu'il m'a fait rire. Et j'ai obtenu qu'il ne chante qu'à la fin du repas. Il a chanté et moi j'ai déchanté quand j'ai vu la note.

Marie. – Il chante, il vous fait rire, c'est parfait. Et physiquement, il est comment ?

Pépita. – Euh… très coloré, les épaules solides, les yeux clairs, très grand…

MARIE. – Oh! moi, il est comme je l'espérais : à ma taille, le regard sombre, très mystérieux. Je suis très impatiente de le revoir. Et vous ?

PÉPITA. – Il part en tournée pour trois semaines, mais il m'a promis de m'appeler une fois par semaine. *(Se levant.)* Excusez-moi, mais j'ai l'estomac à l'envers, il faut que je passe à la pharmacie.

MARIE, *se levant à son tour.* – Oui, moi aussi il faut que je file… Je vais m'acheter des petits dessous affriolants. Vous devriez y songer.

PÉPITA. – J'ai des économies, mais tout de même…

MARIE. – Vous avez un travail ?

PÉPITA. – Oui, mais… je songe à ma retraite et… à la maison de retraite, les prix sont exorbitants. Il faut penser à tout. Et la crise, hein, la crise ?

MARIE. – Et notre bien-être ? Nous, les femmes, passons notre vie à travailler, alors moi je vous l'affirme, nous avons besoin de compensations. Ce n'est que justice.

PÉPITA. – Des compensations ?

MARIE. – S'envoyer en l'air, c'est tout de même plus excitant que le golf à courir après une petite baballe en petite voiture !

Elle sort. Un temps.

PÉPITA, *perplexe.* – Il va d'abord falloir que j'achète son dernier CD… Est-ce que je chante, moi ?… Oh là là ! J'ai de plus en plus mal au ventre !

Elle sort en se tenant le ventre.

SCÈNE 9

Musique. Entre Mathieu, en costume trois-pièces, cravate, haut-de-forme, canne, lunettes, moustache. Il parade devant le banc, consultant sa montre à gousset de temps à autre. On voit Madeleine apparaître derrière son dos, elle le scrute, l'envisage et s'approche de lui, tout sourire. Fin de la musique.

MADELEINE, *main tendue.* – Très cher !

MATHIEU, *retirant son haut-de-forme.* – Enchanté de faire votre connaissance, très chère ! *(Il lui fait le baisemain.)* Mme Swindle ne m'avait pas menti : vous êtes absolument charmante !

MADELEINE, *le scrutant des pieds à la tête.* – Elle ne m'a pas menti non plus : vous êtes parfait !

MATHIEU. – Mais je vous en prie, asseyez-vous !… Non ! *(Il sort un mouchoir, essuie le banc et la prie à nouveau de s'asseoir. Elle s'assied, il s'assied à son tour, à distance, comme le veut la bienséance. Il se relève soudain.)* Oh ! quel goujat ! Je ne me suis pas présenté : Jean-Édouard de la Monte-en-l'air !

MADELEINE, *se relevant.* – Madeleine Attila ! *(Se rasseyant tandis qu'il fait de même.)* Hélas, nous avons perdu notre particule sous Louis XIV. Un cousin qui a fait des conne… des vilaines choses ! Oh ! j'en suis toute honteuse !

MATHIEU. – Il n'y a pas de quoi ; Louis XIV avait ses humeurs, tout le monde le sait. Et même sans particule, je reconnais immédiatement le sang bleu !

MADELEINE. – Quel galant homme vous êtes ! Si jeune et si bien éduqué ! C'est si rare !

MATHIEU. – Si jeune?! J'ai tout de même la quarantaine bien tassée. Et Mme Swindle a dû vous le dire, un vilain souffle au cœur qui, je dois vous l'avouer, m'indispose pour certaines choses, si vous voyez ce que je veux dire…

MADELEINE. – Ne vous inquiétez pas, chacun ses petites misères. On fera avec!

MATHIEU. – Je suis heureux que vous le preniez ainsi; les femmes sont si exigeantes de nos jours! Et je désespérais d'en rencontrer une qui me comprenne.

MADELEINE, *glissant discrètement sur le banc pour se rapprocher de lui.* – Pas de problème, je vous comprends cinq sur cinq!

MATHIEU. – Je me suis toujours dit que si je rencontrais enfin la femme idéale, elle ne manquerait de rien.

MADELEINE, *faussement modeste.* – Oh! vous savez, je ne manque de rien et je n'ai pas de gros besoins!

MATHIEU. – Si, si, j'insiste!

MADELEINE, *lui tapant sur la cuisse.* – Soit, insistez!

Un temps.

MATHIEU, *se levant.* – Je suis l'unique héritier d'une grande famille du Nord qui possède trois cent cinquante terrains constructibles, cent quinze appartements, vingt-quatre entreprises, terrains de golf, yachts, casinos, actions en Bourse… Je vous ennuie avec toutes ces broutilles!

MADELEINE, *aux anges.* – Oh! mais pas du tout, mon cher! Nous sommes là pour faire connaissance!

MATHIEU. – Mais notre mariage, je vous rassure, sera des plus simple : sept cents personnes, dont quatre cent quarante-quatre personnalités…

MADELEINE. – Ah oui! Tout de même!… Je peux vous faire une confidence?

MATHIEU. – Mais faites, faites, chère madame!

MADELEINE, *avec un air accablé*. – Avez-vous entendu parler de cet épouvantable cyclone qui a ravagé l'île de la Passion il y a deux ans?

MATHIEU. – Oui, bien évidemment!

MADELEINE. – Eh bien, toute ma grande famille s'y trouvait pour une garden-party pour le week-end. *(S'effondrant.)* Le cataclysme les a tous engloutis, mon perroquet avec. Je suis la seule survivante!

MATHIEU, *lui tendant son mouchoir*. – Oh! très chère, je suis navré! *(Madeleine se mouche bruyamment et lui rend son mouchoir après l'avoir replié méticuleusement. Il le récupère du bout des doigts.)* Mme Swindle m'a dit que vous aviez également perdu vos deux maris?

MADELEINE. – Ah oui… Les pauvres! Il faut vous dire qu'ils étaient beaucoup plus âgés que moi, mais quand on aime, l'âge, le portefeuille, tout ça a si peu d'importance…

MATHIEU. – Très chère Madeleine… vous permettez que je vous appelle Madeleine?

MADELEINE. – Mais je vous en prie, Jean-Édouard!

MATHIEU. – Considérez que vous avez retrouvé une nouvelle famille, une particule et…

MADELEINE. – … un compte en… euh… toute votre affection!

MATHIEU, *se levant*. – Bien évidemment, chère Madeleine, bien évidemment!

MADELEINE, *se levant à son tour.* – À quand le mariage, Edouardo ? Oh ! je suis impatiente, c'est tout moi ça !

MATHIEU. – Vous êtes toute pardonnée ! Quelques affaires à régler, je pars tantôt dans mon jet privé, je serai de retour d'ici trois petites semaines. Ma secrétaire vous appellera, j'aurai besoin de votre aide pour les préparatifs.

MADELEINE. – Trois semaines qui vont me paraître une éternité ! *(Lui tendant la main.)* Alors, à très bientôt, mon cher, et ne m'oubliez pas !

MATHIEU, *lui faisant le baisemain.* – Vous oublier ? Impossible, poulet… euh… impossible, chère amie, vous êtes si délicieuse !

Il sort d'un côté, elle de l'autre. Elle se retourne, le regarde s'éloigner, soupçonneuse.
Noir. Changement de décor.

SCÈNE 10

Musique. Le petit salon de l'agence. Agnès Swindle est au téléphone. Fin de la musique.

AGNÈS, *énervée.* – Tu sens, tu sens… tu sens quoi ?… Tu es largement payé pour bien faire ce que tu as à faire. N'oublie pas que sans moi, tu serais encore au chômage !… Un pressentiment ? Je suis une femme d'affaires, Mathieu, et tu me fais perdre mon temps ; et mon temps, c'est de l'argent. On reprendra cette conversation plus tard, j'entends mon rendez-vous qui arrive ! *(Elle raccroche.)* J'aurais dû me méfier ; le dernier avait moins de talent, mais pas d'états d'âme. Les artistes, c'est une plaie dans les affaires !

Entrée d'Éliane, tout sourire, main tendue.

ÉLIANE. – Bonjour !

AGNÈS, *se composant un sourire.* – Bonjour, mademoiselle Godichon ! Vous m'avez l'air en forme aujourd'hui !

ÉLIANE. – Vous auriez dû venir à la messe, madame « Sinde », le curé a fait un sermon merveilleux !

AGNÈS. – Je n'en doute pas, mais j'ai beaucoup de travail.

ÉLIANE. – Oui, bien sûr ! Mais ne vous inquiétez pas, j'ai fait une prière pour vous.

AGNÈS. – *Of course !*

ÉLIANE. – Je n'ai pas bien compris votre message…

AGNÈS. – Vous n'avez pas oublié votre rendez-vous de dimanche ?

ÉLIANE. – Avec Marcel Pignol ? Non, pensez donc, je me suis même acheté une jolie robe à fleurs, et j'ai dit au Seigneur qu'on passerait tous les deux à l'église pour que je le lui présente.

AGNÈS. – *Yes, of course !*

ÉLIANE. – Il est toujours d'accord, Marcel ? Parce que j'ai promis au Seigneur…

AGNÈS. – Mademoiselle Godichon, je vous ai fait venir concernant le paiement.

ÉLIANE. – Ah ! mais… c'est que je n'ai sur moi qu'un peu de monnaie pour acheter le pain, et j'ai cru comprendre…

AGNÈS. – C'est bien cela, mademoiselle Godichon, vous avez cru comprendre ! Vous avez bien signé un contrat ?

ÉLIANE. – Le contrat ? Ah oui ! Mais vous savez, moi, la paperasserie…

AGNÈS. – C'est un contrat, mademoiselle Godichon, qui m'engage à trouver l'homme de votre vie et qui vous engage à rétribuer mes services…

ÉLIANE, *la coupant.* – Je n'ai pas l'argent ! Je n'ai que mon petit salaire de secrétaire à l'archevêché. Mais ne vous inquiétez pas, on va le trouver l'argent. Les voies de Dieu sont impénétrables !

AGNÈS, *durcissant le ton.* – Vous n'avez pas l'air de comprendre : si vous ne me réglez pas les trois entretiens aujourd'hui, le rendez-vous avec Marcel Pignol ne se fera pas !

ÉLIANE. – Ah ! *(Un temps. Réfléchissant.)* Si c'est l'homme de ma vie, et s'il a de l'argent, lui, il pourra payer pour nous deux !

AGNÈS. – Vous ne pensez pas que lui demander de l'argent dès votre première rencontre serait un peu gênant ?

ÉLIANE. – Non, pas à la première rencontre. À la cinquième, ou à la neuvième.

AGNÈS, *exaspérée.* – Ah ! oui, mademoiselle, mais moi je ne peux pas attendre la saint-glinglin ! Si toute ma clientèle fait pareil, je ferme boutique ! J'ai des frais, des charges…

ÉLIANE. – Ah oui… Ben tant pis !

AGNÈS. – Comment ça, tant pis ?

ÉLIANE. – Ben, le Seigneur ne va pas être content, mais si je ne peux pas payer, ce n'est pas ma faute !

AGNÈS. – Mais vous m'aviez dit, quand nous nous sommes rencontrées…

ÉLIANE. – Je vous avais dit, je vous avais dit… Moi, j'ai la foi, et j'ai pensé que comme c'était la volonté du Seigneur, de l'argent allait me tomber du ciel !

AGNÈS, *stupéfaite.* – *Of course!*

ÉLIANE. – Et puis je vous croyais plus charitable. Dommage pour vous!

AGNÈS. – Comment ça, dommage pour moi?

ÉLIANE. – Lorsque l'on fait la volonté du Seigneur, il vous le rend au centuple!

AGNÈS, *tranchante.* – Désolée, mademoiselle Godichon, mais je crois que nous ne sommes pas branchées sur les mêmes ondes!

ÉLIANE. – Je n'ai pas de conseil à vous donner, mais vous devriez de temps en temps vous connecter avec là-haut!

AGNÈS. – Moi, j'ai un conseil à vous donner : trouvez-vous un bon avocat, parce que vous me devez de l'argent et je ne vais pas en rester là!

ÉLIANE, *sortant de la monnaie de sa poche qu'elle pose sur la table basse.* – Tenez! Vous pourrez déjà vous acheter une baguette de pain. Pour le reste, je vous ferai un petit virement tous les mois! *(Elle s'éloigne, laissant Agnès figée, effarée. Elle se retourne.)* Si ce Marcel Pignol est l'homme de ma vie, nous nous rencontrerons sans vous, car le Seigneur fait des merveilles!

Éliane sort.

AGNÈS, *furieuse.* – Ça, ça m'étonnerait, mademoiselle… Godichon! Bon, restons calme, il y a toujours un canard boiteux à mettre dans les pertes et profits!

Elle sort de l'autre côté.
Noir. Changement de décor.

SCÈNE II

Musique. Dans le square. Mathieu est assis sur le banc, en train de compulser un dossier, son attaché-case à ses pieds, habillé en chef d'entreprise dynamique. Arrive Caroline, très en retard. Fin de la musique.

CAROLINE, *s'approchant de lui.* – Brice Deglass?

MATHIEU, *relevant la tête.* – Pardon?

CAROLINE. – Vous êtes Brice Deglass?

MATHIEU. – Je suppose que vous êtes Caroline Atouvent? Vous êtes très en retard!

CAROLINE. – Ouais, désolée, c'est parce que…

MATHIEU, *sèchement.* – Un mauvais point pour vous!

CAROLINE, *surprise.* – Comment?!

MATHIEU. – Heureusement que j'avais pris du travail. Je vous préviens : c'est la dernière fois que vous me faites attendre!

CAROLINE. – Euh…

MATHIEU. – Ne restez pas plantée là, asseyez-vous! *(Caroline s'assied à distance de lui, impressionnée.)* Je vous imaginais plus bavarde.

CAROLINE. – Ouais, je suis plutôt causante d'habitude. On ne me coupe pas le sifflet comme ça!

MATHIEU. – Il faudra vous y faire, et également améliorer votre langage. Je connais de réputation votre père…

CAROLINE. – Ah ouais ?

MATHIEU, *rectifiant*. – Ah oui ! Et je crois savoir qu'en plus d'être un as des affaires, il a un langage un peu plus châtié.

CAROLINE. – Euh… oui. Mais bon, je traîne avec des jeunes qui…

MATHIEU. – Alors il va falloir arrêter de traîner, comme vous dites !

CAROLINE, *se levant, excédée*. – Mais de quel droit vous me faites la leçon ?!

MATHIEU. – Et vous, de quel droit vous vous traitez comme ça ?

CAROLINE. – Je me traite de quoi ?!

MATHIEU. – Vous vous manquez de respect. Pas étonnant que les hommes vous manquent de respect !

CAROLINE. – Mais qu'est-ce que vous savez de ma vie ?

MATHIEU. – Je vous regarde, je vous écoute…

CAROLINE. – O.K., je vois !

MATHIEU. – Vous ne voyez rien du tout !

CAROLINE. – Mais qu'est-ce que vous voulez ?

MATHIEU. – La même chose que vous.

CAROLINE, *troublée*. – Ah !

MATHIEU. – Normal que je sache à qui j'ai affaire, non ?

CAROLINE. – Ouais… *(Rectifiant.)* Oui !

MATHIEU. – Je dois partir pour trois semaines : une négociation à l'étranger. Pendant ce temps, vous remettez votre nez dans vos livres de droit !

CAROLINE. – Si je comprends bien, Mme Swindle vous en a raconté un max sur moi.

MATHIEU. – Vous avez prêté serment, vous avez été engagée comme avocate stagiaire chez un ami de votre père et vous en êtes partie après trois jours !

CAROLINE. – Il m'avait mis la main aux fesses ; je lui ai mis la mienne dans la figure !

MATHIEU. – Et vous avez renoncé !

CAROLINE. – Je n'ai pas renoncé, je me suis tirée. Les gros porcs ce n'est pas ma tasse de thé, c'est ce que j'ai dit à mon père, mais ça l'a fait rigoler. Soi-disant que son copain c'est un boute-en-train. En tout cas, je vous préviens, je ne suis pas une fille facile et j'aime bien rigoler, mais pas à mes dépens !

MATHIEU. – J'ai besoin d'une avocate.

CAROLINE. – Je n'ai jamais exercé !

MATHIEU. – Vous apprendrez vite. J'ai confiance en vous.

CAROLINE. – Vous ne me connaissez même pas !

MATHIEU. – Ce sera l'occasion.

CAROLINE. – Vous êtes incroyable, vous !

MATHIEU. – L'amour c'est prendre de grands risques, comme dans les affaires. *(Il lui tend la main.)* Marché conclu ?

CAROLINE, *lui serrant la main*. – D'accord !

MATHIEU, *consultant sa montre*. – Bon sang, je vais être en retard ! Un client à voir… Il faut que je me change !

CAROLINE. – Vous changer ?

Un temps.

MATHIEU. – De cravate ! Je change de cravate en fonction du client.

CAROLINE. – Ah bon !

MATHIEU. – Tchao, Caro ! Je compte sur vous !

Il sort.

CAROLINE, *en se laissant tomber sur le banc.* – Ah ! ben merde alors !

SCÈNE 12

Musique. Arrivent Madeleine, Éliane et Juliette, suivies de Pépita et de Marie. Elles discutent entre elles. Puis Pépita et Marie s'approchent de Caroline, plongée dans ses pensées. Fin de la musique.

MARIE. – Quelle surprise ! Ça va ?

PÉPITA. – Vous êtes bien songeuse !

CAROLINE. – Je viens de le rencontrer.

Madeleine, Juliette et Éliane se sont approchées.

MARIE. – Je vous présente…

CAROLINE. – … Caroline !

MARIE. – Qui vient de rencontrer l'homme idéal.

CAROLINE. – Faut pas exagérer !

Pépita. – Ça s'est mal passé ?

Caroline. – Non, c'est pas ça, c'est que… en fait, je ne sais pas quoi en penser.

Madeleine. – Décidément, cette Mme Swindle est surprenante.

Pépita, *à Caroline.* – Vous n'arrivez pas encore à digérer, c'est comme moi.

Madeleine. – Mesdames, je suis bien contente que le hasard nous ait réunies car je serais très curieuse d'avoir vos impressions.

Éliane. – Moi, je vous ai dit : cette Mme Sinde n'a aucune générosité.

Marie. – Oui, un peu dure en affaires.

Pépita. – Un gouffre, oui !

Caroline. – Une pro !

Juliette. – Moi, je veux bien payer le prix fort pour m'envoler au septième ciel !

Madeleine. – Toi, tu es née dans un petit nuage. Mais attention à la chute ! *(Aux autres.)* Moi, je trouve que tout ça est trop beau pour être vrai !

Marie. – Cependant, nous n'avons pas rêvé !

Pépita. – Ah non ! Moi, je n'ai pas rêvé, cette rencontre je l'ai encore sur l'estomac !

Éliane. – En tout cas, s'il y a un piège, moi je ne suis pas tombée dedans. Je suis sous la protection du Seigneur.

Marie. – Oui, enfin, si vous aviez eu l'argent, vous auriez payé comme nous toutes !

ÉLIANE. – Justement, si l'argent n'est pas tombé du ciel, c'est qu'il y a une raison !

JULIETTE. – Mes sœurs, à toutes, un ange vous est tombé du ciel. Pourquoi vous pressurer les méninges ?

MADELEINE. – Il s'agit de réfléchir, Juliette, pour éviter de se faire pressurer le compte en banque et notre dignité de femme !

ÉLIANE. – Et le cœur !

CAROLINE. – Elle a empoché le fric mais elle a rempli son contrat, elle a présenté à chacune le meilleur profil possible. C'est dans son intérêt que le premier RDV soit le bon, elle a tout à y gagner pour la réputation de son agence. C'est dans le contrat : efficacité, rapidité ! Après, c'est à nous de gérer.

ÉLIANE. – Aide-toi, le ciel t'aidera !

MARIE. – Caroline a raison, croyez-moi, je m'y entends en affaires, et il n'y a rien à redire, c'est cher mais c'est réglo.

MADELEINE. – En attendant, je vous dis que quelque chose cloche. Je le sens.

JULIETTE. – Oh ! mon rendez-vous ! *(S'excitant.)* J'ai rendez-vous dans dix minutes, à cet endroit précis !

MADELEINE. – Comme nous toutes : le square des Amours !

PÉPITA. – Comme c'est romantique !

MADELEINE. – Un peu trop romantique !

JULIETTE. – Madeleine, tu n'es pas romantique, tu ne l'as jamais été et tu ne le seras jamais ! Tu es vénéneuse et vénale, alors va arroser tes euros dans ton jardin et laisse-nous planer ! *(Aux autres.)* Allez, du balai, mes sœurs ! Je dois me recentrer avant d'accueillir mon extraterrestre ! *(Elle s'immobilise derrière le banc, les yeux fermés, tandis que s'éloigne le petit groupe qui va se cacher derrière un buisson. À cet instant arrive Mathieu, vêtu d'une longue tunique blanche, un médaillon autour du cou, tout empreint de solennité. Il va se positionner devant le banc et s'immobilise. Elle s'approche de lui, impressionnée. Il l'invite à s'agenouiller à ses côtés. Elle est comme subjuguée, elle attend qu'il parle. Les autres, cachées, sortent la tête du buisson et ouvrent de grands yeux ronds. N'y tenant plus :)* Je suis celle que vous attendiez : Juliette Volteface !

MATHIEU. – Chut !

JULIETTE. – Pardonnez-moi d'avoir rompu ce silence, Claude, je suis si transportée !

MATHIEU, *sans la regarder, très concentré.* – Claude Girevien n'est qu'un leurre, une apparence. Appelez-moi J9 !

JULIETTE. – J9 ?

MATHIEU. – Jésus, le neuvième.

ÉLIANE. – Ah ! non alors !

MADELEINE. – Chut !

PÉPITA. – C'est un clown !

ÉLIANE. – Un traître !

Caroline et Marie sont prises d'un fou rire.

MADELEINE. – Taisez-vous !

MATHIEU. – Mon karma tente de se connecter au vôtre. Le sentez-vous, M9 ?

JULIETTE. – M9 ?

MATHIEU. – Marie, la neuvième.

Caroline et Marie sont obligées de s'éloigner, elles ne peuvent plus réprimer leur fou rire.

MADELEINE. – Alors là, c'est le pompon !

ÉLIANE. – C'est de l'escroquerie ! Le Seigneur ne va pas apprécier du tout !

PÉPITA. – Mais non, il s'amuse !

MADELEINE. – Pas si sûr. Juliette a toujours eu le chic pour tirer le gros lot !

MATHIEU. – Sentez-vous le flux et le reflux de nos deux esprits qui s'entrechoquent dans un courant ascendant thermofluctuant ?

JULIETTE. – Euh… je sens, je sens !

MATHIEU. – Les voix me disent que la connexion va se réaliser. Accrochez-vous bien, M9 !

Juliette tend ses bras vers l'arrière et s'accroche au banc des deux mains.

MADELEINE. – Bon sang !

MATHIEU. – Détendez-vous, tout ira bien, D9 nous assiste !

JULIETTE, *crispée.* – D9 ?

MATHIEU. – Dieu, le neuvième.

ÉLIANE. – C'en est trop !

Elle veut s'interposer, Madeleine la retient par la manche.

MATHIEU, *se relevant.* – Et voilà ! *(Juliette est toujours accrochée au banc.)* Eh bien, M9, la transmutation est terminée, vous pouvez vous relever !

JULIETTE, *en se relevant avec difficulté.* – Oui, oui, bien sûr !

MATHIEU, *la saluant une nouvelle fois comme précédemment.* – Comment vous sentez-vous?

JULIETTE. – Je plane, je plane!

MATHIEU. – Bienvenue dans le royaume du grand 9!

JULIETTE. – Le grand neuf?

MATHIEU. – Le chiffre 9 : l'aube d'une ère nouvelle, la résurrection!

ÉLIANE. – Cette fois, c'en est vraiment trop! *(Madeleine n'a pas le temps de la retenir, elle sort du buisson, furieuse. À Mathieu.)* Qu'est-ce que c'est que ces guignolades?!

MATHIEU, *surpris, à Juliette.* – Qui est cette intruse?

JULIETTE, *qui a du mal à reprendre ses esprits, à Éliane.* – Mais enfin, comment osez-vous troubler...

> *Soudain un grand silence. Mathieu et Éliane se sont immobilisés, ne se quittant plus des yeux. Les autres apparaissent, assistant au tableau, tandis que Juliette, très secouée, s'effondre sur le banc.*

MADELEINE, *essayant de la réanimer.* – Juliette!... Juliette!...

JULIETTE, *dans le brouillard.* – Qui me parle?

PÉPITA. – Oh là là! Elle va mourir?

MARIE, *à Madeleine.* – Qu'est-ce que c'est que cette histoire de fous?

CAROLINE, *regardant Mathieu et Éliane toujours figés.* – Qu'est-ce qu'ils ont?

MADELEINE, *tapotant les joues de son amie.* – Une chose après l'autre!

Pépita, *observant Mathieu et Éliane*. – Catharsis ou coup de foudre, ou les deux !

Marie. – Qu'est-ce qu'on fait ? On appelle les pompiers ?

Pépita. – Ça alors ! Mais c'est le mien ! C'est Dany Brûlant !

Marie, *qui s'est approchée à son tour*. – Mais non, c'est mon motard : Johnny Beegood !

Caroline, *à son tour*. – Brice ?… Qu'est-ce que ça veut dire ?!

Madeleine. – Jean-Édouard de la Monte-en-l'air ! Je le savais ! Je vous l'avais dit que je ne le sentais pas ! C'est une escroquerie !

Mathieu, *paniqué*. – Je peux… tout vous expliquer !

Éliane, *transportée*. – Les voies de Dieu sont impénétrables !

Noir. Changement de décor.

SCÈNE 13

Musique. Le petit salon de l'agence. Les six femmes et Mathieu entrent. Brouhaha, tout le monde parle en même temps. Agnès, alertée par le bruit, surgit. Elle va ouvrir la bouche, quand elle voit Mathieu au milieu des femmes. Elle se fige. Fin de la musique.

Madeleine, *s'approchant d'Agnès*. – Madame Swindle ! Désolée de vous déranger, mais c'est pour une urgence !

Agnès, *très mal à l'aise, essayant de garder une contenance*. – Qu'est-ce que cela signifie ?

MARIE. – C'est à vous de nous l'expliquer!

AGNÈS. – Mais… je ne comprends pas!

JULIETTE, *se précipitant sur elle.* – Si vous pouviez éviter de nous prendre pour des illuminés!… *(S'excitant.)* Parce que ça ira pour aujourd'hui, hein!

PÉPITA. – Mais asseyez-vous donc, madame Swindle, vous êtes toute pâle!

AGNÈS, *s'asseyant, d'une voix faible.* – Il s'agit certainement d'un malentendu!

CAROLINE. – C'est tout ce que vous avez trouvé pour votre défense?

MARIE. – Nous savons tout, mademoiselle Agnès Lupin! C'est bien votre vrai nom?

MATHIEU, *à Agnès.* – Je leur ai tout dit!

AGNÈS, *se levant, furieuse.* – Salaud!

MADELEINE, *la forçant à se rasseoir.* – Oh! ce n'est pas joli les gros mots!

JULIETTE. – Madeleine a raison, ma sœur, restons dans le romantisme!

AGNÈS. – Mme Attila n'a pas de leçon à donner. Demandez-lui comment sont morts ses deux maris!

MADELEINE. – De mort naturelle, ma sœur. Je les ai choisis en mauvais état de marche, d'accord, mais je les ai chouchoutés comme des bébés jusqu'à extinction des feux!

JULIETTE. – Ça c'est vrai, je suis témoin, Madeleine est peau de vache, mais pas elle ne ferait pas de mal à une mouche!

ÉLIANE, *à Juliette.* – Vous avez dit l'autre jour que Madeleine avait zigouillé ses deux maris ?

JULIETTE. – Madeleine et moi, nous adorons raconter des horreurs, c'est un petit jeu entre nous.

AGNÈS. – Vous allez me dénoncer à la police ?

MARIE. – Ça dépend de vous !

AGNÈS. – Vous êtes des hypocrites ! Avouez que je vous ai fait rêver, vous y avez cru, je vous ai toutes psychanalysées, j'ai répondu à vos désirs et ça fonctionnait très bien ! *(Désignant Mathieu.)* Si ce…

JULIETTE. – Attention, gros mot en vue ! Madeleine va vous trancher la gorge !

ÉLIANE. – Et moi je vous fais rôtir aux petits oignons, le Seigneur me pardonne !

AGNÈS, *à Mathieu.* – Je t'ai rétribué grassement pour faire l'abruti. Qu'est-ce qui t'a pris de me trahir ?

MATHIEU. – Elles ont découvert le pot aux roses. Je t'avais dit que ça sentait le roussi !

MARIE, *à Agnès.* – Il faut reconnaître que M. Duchemin est très bon comédien !

PÉPITA. – Il chante moyennement, mais c'est vrai bon comédien !

ÉLIANE. – Et bel homme !

CAROLINE. – Ouais, bravo, il nous a bien bluffées !

JULIETTE. – Le gourou de mes rêves !

MADELEINE, *à Mathieu.* – La prochaine fois, évitez le personnage du rentier dégénéré, c'est ringard et casse-gueule, ça m'a mis la puce à l'oreille.

Mathieu, *à Agnès.* – J'ai rencontré la femme idéale !

Agnès. – Quoi ?!

Pépita. – Mathieu et Éliane ont eu un coup de foudre !

Agnès. – C'est la cerise sur le gâteau !

Éliane, *la narguant.* – Je vous l'avais bien dit, madame « Sinde » : le Seigneur fait des merveilles !

Agnès, *énervée.* – D'accord, allez-y, annoncez la couleur !

Caroline. – Nous sommes déjà actionnaires dans votre boîte.

Éliane. – Nous vous reconnaissons un réel talent.

Pépita. – Tant de femmes en détresse… Il faut les aider à trouver une épaule réconfortante.

Mathieu. – Elles veulent s'associer avec toi !

Agnès. – Hein ?! Mais… je travaille seule, et puis je suis une professionnelle !

Marie. – Un escroc, mais une professionnelle, c'est vrai !

Madeleine. – À nous toutes, nous sommes pourvues d'une bonne dose de psychologie féminine…

Juliette. – Et d'un sixième sens très olfactif !

Agnès. – Mais qu'est-ce que vous voulez faire ?

Caroline. – Je m'occuperai du juridique et de la communication.

Pépita. – Moi, je suis secrétaire comptable. J'ai vingt ans de maison !

Marie. – J'en ai assez des couches-culottes, j'ai passé l'âge, je me mets en préretraite et j'investis dans cette nouvelle affaire.

(À Agnès.) Mais soyons bien d'accord, mademoiselle Lupin : pas de coup fourré, sinon…

CAROLINE. – Sinon… *(Elle passe un doigt sur sa gorge.)*

AGNÈS. – Mais…

JULIETTE. – Moi, je vais refaire les peintures ! *(À Agnès.)* Vous n'avez aucun goût en matière de décoration. Le septième ciel, mes sœurs ! *(S'excitant.)* Le septième ciel !

CAROLINE. – Éliane et Mathieu seront marraine et parrain de notre nouvelle entreprise.

ÉLIANE. – Nous veillerons à ce que le bébé grandisse honnêtement et sagement.

AGNÈS, *se levant*. – Et moi, qu'est-ce que je deviens ? Dame pipi ?

MARIE. – Vous, vous continuez à faire ce que vous faites très bien : recevoir ces dames et les psychanalyser.

PÉPITA. – Nous avons trouvé un nom pour notre nouvelle entreprise : « Où sont les hommes ? »

MATHIEU, *hilare*. – Oui, parce que contenter ces dames tout seul, c'est au-dessus de mes forces !

ÉLIANE, *tirant Mathieu vers elle*. – Mathieu s'est repenti !

JULIETTE. – Comptez sur Madeleine pour en trouver des hommes !

MADELEINE. – Je suis une spécialiste de l'homo sapiens. Je vais fouiner, cibler, triturer et ficher.

AGNÈS. – Vous avez tout manigancé !

MADELEINE. – Dans ce domaine, on dirait qu'on a des points communs !

MARIE, *à Agnès.* – Nous sommes faites pour nous entendre !

CAROLINE. – Nous serons trois employées : vous, moi et Pépita, les autres proposant leurs services bénévolement.

ÉLIANE, *à Mathieu.* – Oh ! la messe est dans dix minutes, et je dois te présenter au Seigneur !

MATHIEU. – J'espère que ton Seigneur ne sera pas trop regardant !

ÉLIANE. – Ne t'inquiète pas, il en a vu d'autres. Mesdames, à très bientôt ! Nous allons prier pour vos âmes et notre nouveau bébé. *(Elle s'éloigne, se retourne et revient. Sèchement, à Mathieu.)* Mathieu, tu viens ?

> *Elle sort.*

MATHIEU. – J'arrive, mon ange ! Mesdames, le devoir m'appelle !

> *Il les salue et part en courant.*

CAROLINE. – Excusez-moi, mais je file aussi. J'ai deux mots à dire à mon père et, croyez-moi ça va lui faire drôle !

> *Elle sort.*

MADELEINE, *à Juliette.* – Allez, Juliette, on part en repérage ! *(En l'entraînant.)* Le rugbyman du 36, il faut le coincer avant qu'il n'emballe le divorcé du 38. S'il le persuade de virer sa cuti, ça nous en fait un de moins pour le fichier !

JULIETTE. – Et ma peinture ?

MADELEINE. – Une chose après l'autre !

> *Elles sortent.*

MARIE. – Bon, eh bien puisque l'affaire est dans le sac, je passe à la boîte, je rends mon tablier et je rentre à la maison dévergonder mon mari !... J'ai dégoté des petits dessous hors de prix ! À nous l'aventure !

Elle sort.

PÉPITA, *se retournant vers Agnès, abasourdie.* – Merci, Agnès, vous m'avez sauvé la vie !

AGNÈS. – Hein ?!

PÉPITA. – Finie, envolée ma dépression ! Je n'étais pas en état de rencontrer un homme, fût-il idéal. Seule, je tournais en rond. En nous alliant toutes, nous allons nous entraider et nous aurons plus de chance de rencontrer l'homme de nos rêves. N'est-ce pas merveilleux ?

AGNÈS. – Merveilleux ? Moi, le destin a frappé lorsque j'étais enfant et j'ai souffert terriblement !

PÉPITA, *l'invitant à s'asseoir.* – Ne cédez pas à la dépression, Agnès ! Racontez-moi votre vie, nous sommes alliées à présent !

Tandis qu'Agnès parle à Pépita, apparaît Éliane qui se confie au Seigneur tandis que Mathieu, en arrière-plan, se concentre sur la bible.

ÉLIANE. – Tu vois, Seigneur, je t'ai obéi, et comme d'habitude tu avais raison. L'homme idéal, c'est toi. Nous, on fait ce qu'on peut ! En tout cas, je ne viendrai plus t'embêter avec mes petites misères. Et je te fais confiance pour notre petite entreprise, ça va marcher du feu de Dieu !

MATHIEU, *s'approchant.* – Tu viens, poulette ?

ÉLIANE, *désignant la bible.* – Tu as lu ?

MATHIEU. – Oui, j'ai commencé, mais moi aussi j'ai un livre à te faire lire : le « Kama-Sutra »...

ÉLIANE, *méfiante.* – Qu'est-ce que c'est que ça ? C'est français ?

MATHIEU. – Ah oui ! Oui ! C'est un paysan de la Creuse qui l'a écrit après un voyage organisé en Inde. *(L'entraînant.)* Ce sont des mouvements de gymnastique excellents pour le cœur...

Musique. Les personnages se figent. Éliane est au bras de Mathieu. Ils sont dos au public. Pépita, compatissante, a pris la main d'Agnès.

FIN

AVIS IMPORTANT

Cette pièce de théâtre fait partie du répertoire de la Société des Auteurs et Compositeurs Dramatiques, 11 bis rue Ballu 75442 PARIS Cedex 09. Tél. : 01 40 23 44 44. Elle ne peut donc être jouée sans l'autorisation de cette société.

Nous conseillons d'en faire la demande avant de commencer les répétitions.

Imprimé à la demande par Books On Demand GmbH, Bad Hersfeld, Allemagne

4e trimestre 2014
1re édition, dépôt légal : décembre 2014
N° d'édition : 201512
ISBN : 978-2-84422-975-5

9 782844 229755